# COMMENTAIRE ÉTHIOPIEN SUR LES BÉNÉDICTIONS DE MOÏSE ET DE JACOB

CORPUS
SCRIPTORUM CHRISTIANORUM ORIENTALIUM
EDITUM CONSILIO
UNIVERSITATIS CATHOLICAE AMERICAE
ET UNIVERSITATIS CATHOLICAE LOVANIENSIS

Vol. 411

SCRIPTORES AETHIOPICI
TOMUS 74

# COMMENTAIRE ÉTHIOPIEN SUR LES BÉNÉDICTIONS DE MOÏSE ET DE JACOB

TRADUIT
PAR
ROBERT BEYLOT

LOUVAIN
SECRÉTARIAT DU CORPUSSCO
WAVERSEBAAN, 49
1979

ISBN 2 8017 0117-3



D/1979/0602/12

Imprimerie Orientaliste, s.p.r.l., Louvain (Belgique)

# AVANT-PROPOS

Le Commentaire Éthiopien sur les Bénédictions de Moïse et de Jacob nous est conservé dans un manuscrit daté du XVIe siècle : le manuscrit Éthiopien 64 de la Bibliothèque Nationale de Paris, contenant plusieurs textes différents. Parmi ceux-ci nous trouvons un document théologique stéphanite, ce qui rend probable que le manuscrit a été copié dans un monastère des disciples d'Ĕsṭifānos. Comme les passages scripturaires reproduisent la version éthiopienne de la Bible, et que le Livre d'Hénoch est cité ainsi que le Livre des Jubilés, ce commentaire a été rédigé en Éthiopie.

L'auteur dépend étroitement de l'exégèse traditionnelle des Bénédictions de Moïse et de Jacob, attestée par de nombreux auteurs grecs et latins, d'Hippolyte de Rome à Grégoire d'Elvire. Il a dû s'inspirer d'un modèle arabe qui reste à identifier.

L'étude des commentaires éthiopiens de l'Écriture Sainte apporterait encore de nouveaux éléments pour la connaissance de l'exégèse de ces deux passages du Deutéronome et de la Genèse en milieu éthiopien, mais l'intérêt de ce texte est de constituer un traité indépendant sur ce sujet, assez réussi au point de vue littéraire et en rapport étroit avec la tradition patristique. Des recherches longues et approfondies dans les catalogues des diverses collections existantes ne nous ont pas permis d'en repérer d'autres copies.

# ABRÉVIATIONS

AMBROISE, *De Patriarchis* = *S. Ambrosii de patriarchis*, éd. C. SCHENKL, dans CSLC, t. 32, t. 2. Vienne, 1897.

AUGUSTIN, *Cité* = S. AUGUSTIN, *De civitate Dei*, dans PL 41.

BONWETSCH, *Hippolytus* = G.N. BONWETSCH u. H. ACHELIS, *Hippolytus' Werke*, B. I, *Exegetische und homiletische Schriften*, 2 H., *Kleinere exegetische und homiletische Schriften*, dans GGS. Leipzig, 1897.

BUDGE, *Saints* = E.A. WALLIS BUDGE, *The Book of the Saints of the Ethiopian Church*, 2 vol. Cambridge, 1928 (repr. Hildesheim, 1976).

CCL = *Corpus Christianorum. Series latina*. Turnhout.

CSCO = *Corpus Scriptorum Christianorum Orientalium*. Louvain.

CSLC = *Corpus Scriptorum Ecclesiasticorum Latinorum*. Vienne.

CYRILLE ALEX, *Glaphyra* = S. CYRILLE D'ALEXANDRIE, *Glaphyra in Pentateuchum*, dans PG 69.

CYRILLE JÉR, *Catechesis* = S. CYRILLE DE JÉRUSALEM, *Catechesis Illuminandorum*, dans PG, 33.

DANIÉLOU, Terre et Paradis = J. DANIÉLOU, *Terre et Paradis chez les Pères de l'Église*, dans *Eranos Jahrbuch*, t. 22, p. 433-472. Zurich, 1954.

DE PURY, *Promesse* = A. DE PURY, *Promesse divine et légende cultuelle dans le cycle de Jacob, Genèse 28 et les traditions patriarcales*. (Études bibliques) 2 vol. Paris, 1975.

DILLMANN = A. DILLMANN, *Lexicon linguae aethiopicae*. (repr.) Osnabrück, 1970.

*EnsMyst* = *Enseignement des Mystères*, dans TD.

EUSÈBE, *Démonstration* = EUSÈBE DE CÉSARÉE, *Demonstratio evangelica*, dans PG 22.

GGS = *Die griechischen christlichen Schriftsteller der drei ersten Jahrhunderte*. Berlin.

GRÉBAUT, *Baptême* = S. GRÉBAUT, *Ordre du baptême et de la confirmation dans l'Église éthiopienne*, dans *ROC*, 3ᵉ sér., t. 6 (26), 1927-1928, nº 1-2, p. 105-189.

GRÉGOIRE ELV., *Tractatus* = GRÉGOIRE D'ELVIRE, *Tractatus Origenis 6*, éd. V. BULHART, dans CCL, nº 69. Turnhout, 1967.

HAMMERSCHMIDT, *Bodleian Texts* = E. HAMMERSCHMIDT, *Äthiopische liturgische Texte der Bodleian Library in Oxford*. Berlin, 1960.

HARDEN, *Didascalia* = J.M. HARDEN, *The Ethiopic Didascalia*. London-New York, 1920.

*Hen* = *Livre d'Hénoch*, éd. J. FLEMMING, *Das Buch Henoch*, dans *Texte und Untersuchungen* XXII,1. Leipzig, 1902.

HIPPOLYTE, *Bénédictions* = *Hippolyte de Rome*, *Sur les Bénédictions d'Isaac, de Jacob et de Moïse*, éd. M. BRIÈRE, L. MARIÈS et CH. MERCIER, dans PO, 27. Paris, 1954.

HORNER, *Statutes* = G. HORNER, *The Statutes of the Apostles or Canones ecclesiastici*. London, 1904.

IRÉNÉE, *AdvHaereses* = *S. Irénée, Adversus haereses*, III, éd. A. ROUSSEAU et L. DOUTRELEAU, dans SC, n° 211. Paris, 1974.

IRÉNÉE, *Démonstration* = *S. Irénée, Démonstration de la prédication apostolique*, trad. J. BARTHOULOT, dans PO, 12, fasc. 5. Paris, 1919.

*Jub* = *Livre des Jubilés*, éd. R. H. CHARLES, *The ethiopic version of the hebrew book of Jubilees* (Anecdota Oxoniensia). Oxford, 1895.

JUSTIN, *Apologie* = *Justin, Apologie*, éd. L. PAUTIGNY, dans TO n° 1. Paris, 1904.

JUSTIN, *Dialogue* = *Justin, Dialogue avec Tryphon*, éd. G. ARCHAMBAULT, dans TO n° 8, t. I. Paris, 1909.

LIFSCHITZ, *Textes* = D. LIFSCHITZ, *Textes éthiopiens magico-religieux*. Paris, 1940.

MORETUS, *Bénédictions* = H. MORETUS, *Les bénédictions des patriarches dans la littérature du IV^e au VIII^e s.*, dans *Bulletin de littérature ecclésiastique* (Toulouse), quatrième série t. 1 (1909), p. 398-411 et t. 2 (1910), p. 28-40 et 83-100

ORBE, *Terra* = A. ORBE, *Terra virgo et flammea*, dans *Gregorianum*, 33 (1952), p. 299-302.

ORIGÈNE, *In Ezechielem* = ORIGÈNE, *Homélie sur Ezéchiel*, éd. W. A. BAEHRENS, *Origenes Werke*, B. 8, dans GGS, B. 33. Leipzig, 1925.

ORIGÈNE, *In Jeremiam* = ORIGÈNE, *Homélies sur Jérémie*, dans PG 13.

PG = *Patrologia graeca.*

PL = *Patrologia latina.*

PLATT, *Didascalia* = TH. PELL PLATT, *The Ethiopic Didascalia.* London, 1834.

PROCOPE, *In Octateuchum* = PROCOPE DE GAZA, *In Octateuchum Commentarii. Commentarii in Genesim*, dans PG 87 [1].

RUFIN, *Bénédictions* = RUFIN D'AQUILÉE, *De benedictionibus patriarcarum*, dans SC n° 140. Paris, 1968.

SIMONETTI, *Notae* = M. SIMONETTI, *Note su antichi commenti alle Benedizioni dei Patriarchi, dans Annali delle Facolta di Lettere-Filosofia e Magistero, Univ. Cagliari*, t. 28 (1960), p. 3-71.

*Targum Onk* = *Targum d'Onkelos*, dans WALTON, Polyglotte, t. I.

*Targum Pal* = A. DIEZ MACHO, *Neophyti 1, Targum Palestinense*, I. *Génesis.* Madrid-Barcelone, 1968.

TD = *Testamentum Domini.*

TERTULLIEN, *De carne* = *Tertullien, De carne Christi*, éd. J. P. MAHÉ, dans SC, n. 216. Paris, 1975.

TERTULLIEN, *Scorpiace* = *Tertullien, Scorpiace*, éd. A. REIFFERSCHEID et G. WISSOWA, dans CSLC, t. 20. Vienne, 1890.

THÉODORET, *Quaestiones* = THÉODORET de CYR, *Quaestiones selectae in Genesim*, dans PG 80.

TO = *Textes et documents pour l'étude historique du christianisme*. Paris.

TONNEAU, *Ephrem, Gen-Ex.* = M. TONNEAU, *S. Ephraemi Syri in Genesim et in Exodum*, dans CSCO 152/Syr. 71 et CSCO 153/Syr. 72. Louvain, 1955.

VAN LANTSCHOOT, *Questions* = A. VAN LANTSCHOOT, *Les Questions de Théodore, texte sahidique*, dans *Studi e Testi*, 192. Rome, 1957.

VELAT, *Meʿerāf* = B. VELAT, *Meʿerāf, Commun de l'office divin éthiopien pour toute l'année*, dans PO 33, fasc. 1-2. Paris, 1966.

WALTON, *Polyglotte* = WALTON, *Bible polyglotte*, t. I. Londres, 1657.

WILMART, *Bénédictions* = A. WILMART, *Le commentaire des bénédictions de Jacob attribué à Paulin de Milan*, dans *Revue bénédictine*, t. 32 (1920), p. 57-63.

# COMMENTAIRE ÉTHIOPIEN SUR LES BÉNÉDICTIONS DE MOÏSE ET DE JACOB

Interprétation des *paroles par lesquelles Moïse bénit les enfants d'Israël*[1].

**1** Parole de la Loi : *Il dit : Dieu est venu du Sinaï*[1]. Interprétation : *Dieu est venu du Sinaï*, dit Moïse. Hénoch dit aussi : *Il se tient debout, les pieds sur le mont Sinaï*[2]. David dit : *Dieu est parmi eux sur le Sinaï, son lieu saint*[3]. Et Débora dit : *ce Sinaï (est) devant la face de Dieu*[4]. Les Apôtres disent : *glorifiez Dieu sur le saint mont Sinaï*[5]. Vois donc que le Sinaï est le ciel[6].

**2** Parole de la Loi : *Il m'est apparu en Séïr*[1]. Cela signifie : il est apparu dans la chair[2]. *Il a reposé sur la montagne de Pharan*[3]. Cela signifie Marie. Comme dit Habacuc : *le saint (vient) de la montagne de Pharan*[4], *avec des milliers de saints, ceux de sa droite, ses anges qui sont avec lui*[5]. Cela signifie : en vérité, au jour de sa naissance dans la crèche ils le glorifièrent. *Les milliers d'anges qui sont à sa droite*[6], cela signifie Michel, comme dit l'Évangéliste Luc : *soudain vinrent avec cet ange de nombreuses armées du ciel, et ils rendaient gloire à Dieu*[7]. Cet ange signifie Gabriel.

**3** Parole de la Loi accompagnée d'une interprétation : *Il a épargné son peuple*[1]. Cela signifie les fils de l'homme. *Et tous ceux qui ont été sanctifiés par ses mains*[2]. Cela signifie ceux qui ont été baptisés au nom de son Fils. *Et ceux-ci aussi sont les tiens*[3]. Cela signifie les nations. *Ils ont obtenu la Loi par sa parole qu'il nous a commandée*[4]. Cela signifie : par la parole de l'Évangile qu'il a commandé aux Apôtres de prêcher. *Et l'héritage du peuple de Jacob*[5]. Cela concerne le fait qu'il devint l'héritage du Très-Haut pour les nations, comme dit Paul : *les héritiers de Dieu c'est nous*[6].

1 *Dt* 33, *1*.

**1** [1] *Dt* 33, *2*. [2] *Hen* 1, *4*. [3] *Ps* 67, *17*. [4] *Jug* 5, *5*. [5] Non identifié. [6] Les trois dernières lettres du mot ኢርዮም sont à-demi effacées.

**2** [1] *Dt* 33, *2*. [2] Cf Procope, *In Octateuchum* (c. 977) [3] *Dt* 33, *2*. [4] *Hab* 3, *3*. [5] *Dt* 33, *2*. Le texte a ici ቅዱሳን saints pour ቃዴስ, Cadès. [6] *Dt* 33, *2*. [7] *Lc* 2, *13-14*.

**3** [1] *Dt* 33, *3*. [2] *Dt* 33, *3*. [3] *Dt* 33, *3*. [4] *Dt* 33, *4*. [5] *Dt* 33, *4*. [6] *Ro* 8, *17*.

**4** Parole de la Loi : *Il est médiateur par le bien-aimé*[1]. Interprétation : le bien-aimé est le fils de Dieu. Quand il est venu dans le monde, il est demeuré dans le précepte de la Loi, comme dit Paul : *et il a accompli le précepte de la Loi, pour racheter ceux qui sont soumis à la Loi*[2]. Après son baptême, jusqu'au soir du cinquième jour, il enseignait l'Évangile de sa (propre) bouche et il accomplissait la Loi dans sa conduite. Tu vois qu'il est médiateur. En ce qui concerne sa naissance sans semence d'homme, il n'en est pas d'autre en dehors de lui ; et celle dont la virginité n'a pas été ouverte par l'enfantement, il n'en est pas d'autre en dehors de sa mère. Quand il fut circoncis le huitième jour[3], il accomplit leur circoncision et commença notre circoncision. Quand il fut baptisé à trente ans[4], il accomplit leur baptême et commença notre baptême[5]. Quand il jeûna 40 jours et 40 nuits[6], comme avaient jeûné Moïse et Élie[7], il accomplit leur jeûne et commença notre jeûne. Il fit deux sacrifices dans le seul soir du cinquième jour[8]. Par l'un il accomplit le sacrifice de la Loi et par l'autre il commença le sacrifice de l'Évangile. C'est pourquoi Moïse dit : *il est médiateur par le bien-aimé*[9].

**5** Parole de la Loi : *quand les princes des nations se furent rassemblés avec les tribus d'Israël*[1]. Interprétation : ensemble, les Apôtres avec les fidèles.

**6** Parole de la Loi : *je recherche Ruben, et qu'il ne meure pas*[1]. Interprétation : il a recherché Adam et il l'a sauvé avec ses nombreux fils. (Cela) est encore interprété (ainsi) : il a recherché Pierre et lui a pardonné son reniement, et il a été le père de nombreux fidèles.

**7** Parole de la Loi : *en elle, pour Juda, écoute, Seigneur, la parole de Juda, et qu'il revienne vers son peuple, ses mains le jugeront, et qu'il soit pour lui un aide à l'égard de son ennemi*[1]. Interprétation : Juda est interprété par Notre Seigneur[2]. L'écoute de sa parole, cela signifie comme il est écrit dans l'Évangile qui dit : *je sais que tu m'écoutes*[3]. Son retour vers son peuple est sa venue dans le monde pour les fils de l'homme. *Ses mains le jugeront*[4]. Cela signifie comme il est écrit

**4** [1] *Dt* 33, *5*. Le texte a ici ማእከል *médiateur* pour መልአክ *prince*. [2] *Ga* 4, *4-5*. [3] Cf *Lc* 2, *21*. [4] Fête le 11 Ṭĕr dans l'Église éthiopienne. Cf BUDGE, *Saints*, p. 479. [5] Cf *Mt* 3, *13-17*; *Mc* 1, *9-11*; *Lc* 3, *21*. [6] Cf *Mt* 4, *2*. [7] Cf *Ex* 34, *28*; *Dt* 9, *9*, 9, *18* et 9, *25*. [8] Cf *Mt* 26, *26-29*; *Mc* 14, *22-25*; *Lc* 22, *14-20*. [9] *Dt* 33, *5*.

**5** [1] *Dt* 33, *5*.

**6** [1] *Dt* 33, *6*.

**7** [1] *Dt* 33, *7*. [2] Cf HIPPOLYTE, *Bénédictions*, p. 140-143. [3] *Jn* 11, *42*. [4] *Dt* 33, *7*.

dans David qui dit : *celui-ci jugera le monde avec justice et il jugera les nations avec droiture*[5]. L'Évangile dit : *tout son jugement il l'a remis à son Fils*[6]. *À l'égard de son ennemi*[7]. Cela concerne son peuple, les Juifs ses ennemis.

**8** Parole de la Loi : *et à Lévi il dit : Il a rendu à Lévi sa parole et sa justice*[1]. Interprétation : Lévi est semblable au Fils et toute parole de justice et de glorification lui convient. *Il a livré et fait monter l'homme de justice que l'on a éprouvé et outragé auprès de l'eau de la querelle*[2]. Cela signifie que le peuple juif l'a injurié et condamné à mort. À la parole : *qui dit à son père et à sa mère : je ne t'ai pas vu*[3] est semblable la parole de l'Évangile qui dit : *qui sont ma mère et mes frères?*[4] *Donc il n'a pas connu ses frères ni n'a eu connaissance de ses fils*[5]. Il dit cela parce que Notre Seigneur n'a pas appris la sagesse et le savoir, ni de sa famille ni de ses frères. *Il a gardé ta parole et s'est confié à ton alliance*[6], comme il est écrit dans l'Évangile : *de même que moi j'ai observé tous les commandements de mon Père*[7]. *Pour qu'il dise ton jugement à Jacob et ta loi à Israël*[8]. Il dit cela parce qu'il a enseigné l'Évangile au peuple. *Afin qu'ils jettent de l'encens dans ton encensoir et en tout temps sur ton autel*[9], cela indique le sacerdoce de Notre Seigneur. *Bénis, Seigneur, sa puissance et reçois l'œuvre de ses mains*[10]. Cela se réfère à la bénédiction et à l'accueil des fidèles. *Abats pesamment ceux qui s'opposent à lui, ses ennemis, et ne fais pas lever ceux qui le haïssent*[11]. Cela signifie la malédiction et l'exécration des impies.

**9** Parole de la Loi : *à Benjamin il dit : le bien-aimé de Dieu demeure confiant et Dieu le protégera de son ombre dans tous ses jours*[1]. Interprétation : Benjamin, le bien-aimé de Dieu, est interprété par le Fils. Sa confiance signifie qu'il n'y a personne qui l'effraye. Le fait qu'il le protégera de son ombre dans tous les jours, cela signifie : le Père ne se sépare pas de son Fils. C'est-à-dire comme dans l'Évangile : *le Père ne me laisse pas seul, car le Père est avec moi*[2]. *Il repose entre ses épaules*[3]. Cela signifie l'Esprit Saint qui demeura sur Jésus dans le Jourdain[4].

[5] *Ps* 66, *5* [6] *Jn* 5, *22.* [7] *Dt* 33, *7.*

**8** [1] *Dt* 33, *8.* . [2] *Dt* 33, *8.* [3] *Dt* 33, *9.* [4] *Mt* 12, *48*; *Mc* 3, *33.* [5] *Dt* 33, *9.* [6] *Dt* 33, *9.* [7] *Jn* 15, *10.* [8] *Dt 33, 10.* [9] *Dt* 33, *10.* Le texte a ለማዕጠንትከ *dans ton encensoir* au lieu de ለመዐትከ (*au temps de*) *ta colère.* [10] *Dt* 33, *11.* [11] *Dt* 33, *11.*

**9** [1] *Dt* 33, *12.* [2] *Jn* 8, *29* assimilé à *Jn* 16, *32.* [3] *Dt* 33, *12.* [4] *Mt* 3, 16; *Jn* 1, *32.*

**10** Parole de la Loi : *à Joseph il dit : de la bénédiction de Dieu (est) sa terre*[1]. Interprétation : de Marie bénie (est) sa chair[2]. Comme il dit dans le Livre du Testament : *qui est celui-ci qui a revêtu la terre*[3]? *De la pluie du ciel et de la rosée*[4]. Cela signifie qu'il parle de la descente de la divinité du Verbe, comme dit Moïse lui-même : *ma parole descend comme la rosée et comme la pluie sur les champs*[5]. David dit : *il descend comme la rosée sur la laine et comme les gouttes qui tombent goutte à goutte sur terre*[6]. *Et de la source de l'abîme d'en bas*[7]. Cela signifie que la source est sainte Marie, et l'abîme signifie le monde. Il dit *en bas*, comme dit Zacharie : *il se lèvera en bas*[8]. *À chaque heure sa nourriture*[9]. Cela signifie : chaque jour son corps et son sang. *De l'Orient du soleil*[10]. Cela signifie que l'Orient est Marie, et le soleil est le Christ notre lumière. *Du nombre des mois*[11]. Il dit cela parce que le nombre des mois est 12. De même pour les Apôtres, leur nombre est 12 et par leur prédication a eu lieu notre salut[12].

**11** Parole de la Loi : *Il est le premier sur les sommets des montagnes, et des sommets des collines éternelles*[1]. Interprétation : les montagnes sont les prophètes et par eux il fut prédit[2], les collines sont les Apôtres et par eux on a connu ensuite la venue du Christ. Éternel est le nom de Dieu. Son bras est interprété par son Fils. Comme il est écrit dans le Livre du Testament : *étant la main du bras du Père*[3].

**12** Parole de la Loi : *la terre qui est toujours belle et rassasiée*[1]. Cela signifie la sainte Église. *À celui qui est apparu dans le buisson*[2]. Cela signifie celui qui a été enfanté de sainte Marie.

**10** [1] *Dt* 33, *13*. [2] Cf HIPPOLYTE, *Bénédictions*, p. 168; DANIÉLOU, *Terre et Paradis*. L'auteur cite IRÉNÉE, *Adv Haereses*, III, 21, 10; IRÉNÉE, *Démonstration*, 32, p. 772; TERTULLIEN, *De carne*, 17, 3-4, ainsi que ORBE, *Terra*. [3] Cf LIFCHITZ, *Textes*, ch. 4, § 24 (p. 48,*2* texte, et trad. p. 49); HAMMERSCHMIDT, *Bodleian Texts*, p. 62 (texte), p. 63 (trad.). [4] *Dt* 33, *13*. [5] *Dt* 32, *2*. [6] *Ps* 71, *6*. [7] *Dt* 33, *13*. [8] *Za* 6, *12*. [9] *Dt* 33, *14*. [10] *Dt* 33, *14*. [11] *Dt* 33, *14*. [12] Cf HIPPOLYTE, *Bénédictions*, p. 171, développant l'idée que le Christ est jour, soleil, année parfaite, et que les mois sont les Apôtres.

**11** [1] *Dt* 33, *15*. [2] Cf HIPPOLYTE, *Bénédictions*, p. 171-172, interprétant les montagnes par les patriarches et les collines éternelles par les prophètes. [3] Cf TD; LIFCHITZ, *Textes*, ch. 1 § 6, p. 42,*3* (texte), p. 43 (trad.); HAMMERSCHMIDT, *Bodleian Texts*, p. 50 (texte), p. 51 (trad.).

**12** [1] *Dt* 33, *16*. [2] *Dt* 33, *16*, auquel est appliquée la même interprétation que celle du buisson ardent d'*Ex* 3, *2-3* connue, par exemple, dans la liturgie (cfr VELAT, *Meʿerāf*, p. 75, n° 13; p. 78, n° 3; p. 83 n° 1).

**13** Parole de la Loi : *qu'il vienne sur la tête de Joseph et sur la tête de ceux qui sont ses frères*[1]. Interprétation : Joseph est interprété par le Fils et sa tête est Dieu le Père. Comme dit Paul : *la tête du Christ est Dieu et le Christ est la tête des fidèles*[2]. Comme il dit dans la Didascalie : *la tête des fidèles est le Christ*[3].

**14** Parole de la Loi accompagnée d'une interprétation : *sa beauté est comme le premier-né du Taureau*[1]. Cela signifie comme les fils d'Adam, à l'image de son incarnation[2]. *Les cornes d'une licorne*[3]. Ses cornes signifient celui qui est seul à régner. *Il frappera (les nations) avec elles jusqu'aux extrémités de la terre*[4], lui qui soumettra toutes les nations de la terre à sa royauté. *Ici (se trouvent) les milliers d'Éphraïm*[5], [ce sont] ceux qui ont cru d'entre les nations. *Et ces milliers de Manassé*[6], ce sont ceux qui ont cru d'entre Israël.

**15** Parole de la Loi : *à Zabulon il dit : réjouis-toi Zabulon dans ta sortie et Issachar dans tes demeures*[1]. Interprétation : Zabulon est interprété par le Fils. Sa sortie signifie sa venue dans le monde. Issachar est interprété par l'Esprit Saint et ses demeures sont interprétées par les Apôtres, les prophètes et tous les saints. *Ceux qui détruisent les nations*[2]. Cela est au sujet des démons et des dieux des nations.

**16** Parole de la Loi : *ils invoquent ici et font des sacrifices de justice*[1]. Interprétation : ceux qui sont appelés dans la foi offrent un sacrifice de justice, c'est-à-dire le corps et le sang du Christ.

**17** Parole de la Loi accompagnée d'une interprétation : *car la richesse de la mer te nourrit*[1]. La mer signifie le baptême et sa richesse la nouvelle Loi. *La fortune de ceux qui habitent le littoral*[2]. Le littoral est le pays d'Israël et leur fortune est la loi et les Prophètes.

**18** Parole de la Loi : *à Gad, il dit : elle est vaste la bénédiction de Gad*[1]. Interprétation : Gad est interprété par le Fils. Sa vaste bénédiction est la foi et le baptême. Comme dit David : *ton com-*

**13** [1] *Dt* 33, *16*. [2] *1Co* 11, *3*. [3] Cf PLATT, *Didascalia*, p. 12.

**14** [1] *Dt* 33, *17*. [2] Cette interprétation est peut-être en rapport avec celle de *Gn* 49, *6*, où tous les commentaires patristiques consultés reconnaissent dans le taureau, le Christ. [3] *Dt* 33, *17*. [4] *Dt* 33, *17*. [5] *Dt* 33, *17*. [6] *Dt* 33, *17*.

**15** [1] *Dt* 33, *18*. [2] *Dt* 33, *19*.

**16** [1] *Dt* 33, *19*.

**17** [1] *Dt* 33, *19*. À propos de la phrase qui suit : La mer signifie le baptême, cf GRÉBAUT, *Baptême*, p. 129, *9-11*. [2] *Dt* 33, *19*.

**18** [1] *Dt* 33, *20*.

*mandement est très vaste*[2]. Jean l'Évangéliste commente et dit : *c'est un commandement pour que nous croyions en son Fils Jésus-Christ*[3].

**19** Parole de la Loi accompagnée d'une interprétation : *comme un lion mettant en pièces les bras des princes*[1]. Il dit cela parce qu'il a mis en pièces les chefs des démons[2] et qu'il a supprimé le sacerdoce de la maison de Lévi. *Il vit devant lui que, là, des princes s'étaient partagé la terre, tandis que les grands étaient réunis ensemble avec les princes du peuple*[3]. Il dit cela parce que les 12 Apôtres et les 70 disciples se sont partagé le monde pour y prêcher[4]. *Avec le peuple d'Israël, Dieu fit un jugement et la justice pour Israël*[5]. Cela signifie que Dieu donna une loi et une règle aux fidèles.

**20** *Parole de la Loi : à Dan, il dit : Dan, lionceau, bondit de Basan*[1]. Interprétation : Dan est interprété par le Fils, le lion par le Père, et son bondissement est interprété (*ainsi*) : Basan, (*ce sont*) ses allées et venues à Jérusalem.

**21** Parole de la Loi : *à Nephtali, il dit : Nephtali* (*est*) *rassasié de bien. Il sera rassasié de la bénédiction de Dieu et il héritera de la mer et du Sud*[1]. Interprétation : Nephtali est semblable au Fils. Il est rassasié de tout bien et celui-ci héritera d'Israël et des nations qui ont cru en lui.

**22** Parole de la Loi : *à Aser il dit : Aser est béni entre les fils. Il sera élu pour ses frères*[1]. Aser est interprété par le Fils. Il est béni par les fidèles et il est élu par des milliers.

**23** Parole de la Loi : *Il se lavera les pieds dans l'huile*[1]. Le commentateur : ses pieds sont les Apôtres[2], l'huile est le baptême[3] et il les a lavés le soir du cinquième jour[4]. *Celui dont les chaussures sont de fer et d'airain*[5]. Cela signifie ce qui est de la Loi et de l'Évangile, ses commandements. (*Cela*) est encore interprété par les clous de ses mains et de ses pieds. *Que ta puissance soit comme tes jours*[6]. Cela signifie : il n'y a pas de commencement à tes jours ni d'alternative à ton règne. *Il n'y a personne comme le Dieu du bien-aimé qui demeure*

[2] *Ps* 118, *96*. [3] *1Jn* 3, *23*.

**19** [1] *Dt* 33, *20*. [2] Cf HIPPOLYTE, *Bénédictions*, p. 181, § 2. [3] *Dt* 33, *21*. [4] Cf HORNER, *Statutes*, p. 1, § 3 (texte), p. 127, (trad.). [5] *Dt* 33, *21*.

**20** [1] *Dt* 33, *22*.

**21** [1] *Dt* 33, *23*.

**22** [1] *Dt* 33, *24*.

**23** [1] *Dt* 33, *24*. [2] Cf HIPPOLYTE, *Bénédictions*, p. 193. [3] Théodore reconnaît aussi le baptême dans l'huile de la parabole des dix vierges de *Mt* (Cf VAN LANTSCHOOT, *Questions*, p. 273 s.). [4] Cf *Jn* 13, *1-15*. [5] *Dt* 33, *25*. [6] *Dt* 33, *25*.

*dans le ciel et celui-ci est ton aide*[7]. Cela signifie : il n'y en a pas d'autre comme Dieu son Père qui demeure dans le ciel et celui-ci est notre aide.

**24** Parole de la Loi : (*Il est*) *la grandeur de la beauté du ciel. Et Dieu te protégera le front par la puissance des bras de l'Éternel*[1]. Interprétation : (*Il est*) *la grandeur de la beauté du ciel*[2]. Cela signifie : il est le Paraclet, et *les bras*[3] cela signifie : il est le Fils. L'*Éternel*[4], cela signifie : il est le Père. Il a protégé les fidèles par sa Trinité dans le Jourdain[5]. *Il chassera ton ennemi de devant ta face*[6], comme il dit : *pour qu'il les détruise*[7]. Il dit cela parce qu'il a chassé et détruit les démons de devant notre face.

**25** Parole de la Loi : *il fera demeurer Israël confiant, seul sur la terre de Jacob, sur la terre du froment et de la vigne*[1]. Interprétation : Jacob est Notre Seigneur et Israël ce sont les fidèles. Le froment et la vigne sont le corps et le sang. La terre est la sainte Église, Il nous a établis en elle avec confiance, c'est-à-dire sous sa protection.

**26** Parole de la Loi : *le ciel est à toi, avec le nuage et la rosée*[1]. Interprétation : le céleste est le Fils de Dieu qui est descendu, rosée de la prophétie, sur la laine blanche. Comme dit David : *il descendra comme la rosée sur la laine*[2]. Le nuage signifie le corps. Comme dit Salomon : *moi, j'ai pris tout le nuage*[3]. Le Livre de Job dit : *le nuage qui est au-dessus du mortel fait de l'ombre*[4]. Il dit encore : *son nuage ne se déchire pas*[5]. Cela signifie : la nature humaine du Christ n'est pas séparée de sa divinité, une fois qu'elles sont devenues une. *Bienheureux es-tu Israël, qui est comme toi,* (ô) *peuple que Dieu sauve*[6], *Il t'affermira ton aide*[7]. Cela signifie : il n'y a personne comme nous, comme le peuple chrétien qui est sauvé à cause de sa foi.

**27** Parole de la Loi : *par ton épée, ta victoire, tes ennemis te mentent et, toi, tu mets une charge sur leur cou*[1]. Interprétation : son épée est sa Croix, et ses ennemis l'ange de la mort et Satan. Il les a vaincus, a foulé leur cou et les a placés sous l'escabeau de ses pieds[2]. Comme dit David : *les ténèbres sous ses pieds*[3]. Autre interprétation : nos ennemis sont les démons qui nous ont séduits et nous ont menti. C'est

[7] *Dt* 33, *26*.
**24** [1] *Dt* 33, *26-27*. [2] *Dt* 33, *27*. [3] *Dt* 33, *27*. [4] *Dt* 33, *27*. [5] Cf *Mt* 3, *13-17*; *Mc* 1, *9-11*; *Lc* 3, *21-22*; *Jn* 1, *31-34*. [6] *Dt* 33, *27*. [7] *Dt* 33, *27*.
**25** [1] *Dt* 33, *28*.
**26** [1] *Dt* 33, *28*. [2] *Ps* 71, *6*. [3] Non identifié. [4] *Jb* 36, *28*. [5] *Jb* 26, *8*. [6] *Dt* 33, *29*. [7] *Dt* 33, *29*.
**27** [1] *Dt* 33, *29*. [2] *Ps* 109, *1*. [3] *Ps* 17, *11*.

eux qui nous ont séduits, nous les nations, et nous ont fait adorer les idoles. L'épée est la parole de l'Évangile. Comme il dit lui-même : *je n'apporte pas la paix, j'apporte le glaive*[4]. Quand nous avons cru à l'Évangile, nous avons foulé aux pieds nos ennemis, c'est-à-dire les démons. Ici s'achève l'interprétation des paroles par lesquelles Moïse bénit les enfants d'Israël et de sa prophétie au sujet du Christ.

**28** Interprétation des paroles dont Jacob a béni ses fils[1]. En premier lieu, sache cela : tant qu'Abraham fut seul, avant qu'Isaac ait été enfanté, Abraham s'explique par le Fils. Après qu'Isaac ait été enfanté, Abraham s'explique par le Père et Isaac par le Fils. En outre, quand Jacob a été enfanté, Isaac est interprété par le Père et Jacob par le Fils. Depuis que les fils de Jacob ont été enfantés, Jacob est interprété par le Père et ses fils sont interprétés par le Fils. Le premier, Joseph est interprété par le Fils, et ses fils Éphraïm et Manassé par les deux peuples[2]. Le premier, Manassé, est interprété par le peuple Juif. Car il est le premier-né, comme il dit à Pharaon : *envoie mon fils, mon premier-né*[3]. Il dit encore : *mon fils, mon premier-né est Israël*[4]. Dans les Jubilés, il dit : *je l'ai inscrit pour moi, le fils premier-né*[5]. Esdras dit : nous à qui tu dis : *mon fils, mon unique*[6]. Éphraïm est interprété par les nations. Comme dit le Siracide : *d'Éphraïm est sortie la royauté rebelle et Dieu n'a pas cessé sa miséricorde*[7]. De même, d'entre les nations est sortie l'adoration des idoles, la royauté rebelle de Satan. Dieu ne les a pas abandonnées, mais il les a converties par l'abondance de sa miséricorde. Jacob qui a croisé ses mains[8] est à l'image de la Croix de Notre Seigneur. La main droite qu'il a posée sur la tête d'Éphraïm, c'est la Loi nouvelle qu'il a remise au peuple. La main gauche posée sur la tête de Manassé est semblable à l'ancienne Loi qu'il a donnée aux Juifs. Ce qu'il dit : *mais son frère*

[4] *Mt* 10, *34*.

**28** [1] Sur les commentaires des bénédictions de Jacob en *Gn* 49 chez les Pères de l'Église on se reportera à SIMONETTI, *Notae* (étude très approfondie qui complète avantageusement MORETUS, *Bénédictions*). Signalons à propos du commentaire attribué à Paulin de Milan (PL 20, c. 715-732) que l'auteur de celui-ci a été identifié comme étant Adrevald, moine de Fleury sur Loire, mort en 878 ou 879 (cf WILMART, *Bénédictions*). Les références données par SIMONETTI, *Notae* pour l'exégèse moderne de *Gn* 49 peuvent être complétées avec de PURY, *Promesse*, t. I, p. 125, n. 101-102. Le texte éthiopien ici traduit est sans rapport avec le commentaire de S. Éphrem, sauf pour l'interprétation de *Gn* 49, *27*, d'ailleurs courante (cf TONNEAU, *Éphrem Gen-Ex*).
[2] Cf HIPPOLYTE, *Bénédictions*, p. 46 (ch. 12) et p. 48 ; AMBROISE, De *patriarchis*, p. 125.
[3] *Ex* 4, *22-23*. [4] *Ex* 4, *22*. [5] *Jub* 2, *20*. [6] Non identifié. [7] *Sir* 47, *21-22*.
[8] Cf *Gn* 48, *14*.

*plus petit deviendra plus grand que lui*[9] : signifie en vérité les nations sont plus grandes et plus nombreuses qu'Israël. L'Église est plus grande que la synagogue. L'Évangile est plus élevé que la Loi et le baptême vaut mieux que la circoncision. Le corps et le sang du Christ sont plus grands et plus élevés que le sang des taureaux et des boucs, que les cendres des génisses[10].

**29** Parole de la Loi : *c'est Dieu devant qui mes pères Abraham et Isaac ont été agréables*[1]. Cela signifie : Il est Père. *C'est Dieu qui m'a élevé et nourri depuis mon enfance jusqu'à ce jour*[2]. Cela signifie : *c'est l'ange du Seigneur qui m'a sauvé de tout mal*[3], quand parlait l'Esprit Saint. Ce qu'il dit : *qu'il bénisse ces enfants*[4], (cela) est au sujet de la manière dont on bénit les enfants des fidèles lors du baptême, au nom de la Trinité.

**30** Parole de la Loi : *Israël dit à Joseph : voici que moi je vais mourir. Que Dieu soit avec vous et qu'il vous fasse revenir dans la terre de vos pères*[1]. Interprétation : la mort de Jacob est interprétée par la mort de Notre Seigneur, *et que Dieu soit avec vous*[2], cela signifie comme il dit dans l'Évangile : *Voici que moi, je suis avec vous en tout temps, jusqu'à la fin des temps*[3]. *Qu'il vous fasse revenir sur la terre de vos pères*[4], ce dont il parle, c'est l'Église.

**31** Parole de la Loi : *Voici que moi, je te donnerai un beau butin qui vaut mieux que celui de tes frères*[1]. Interprétation : le beau butin ce sont les nations qu'il a capturées par sa venue hors de la main de Satan et il les a fait revenir dans la foi droite. *Qui vaut mieux que celui de tes frères*[2]. Cela signifie que ses frères sont les prophètes. Les siens sont Israël. Ainsi, les nations valent mieux que les Juifs. Autre interprétation : en vérité, le sacrifice de l'Évangile vaut mieux. Le baptême et toute la loi de l'Église sont une proie plus belle que le sacrifice de la Loi, la circoncision et toute Loi de la synagogue.

**32** Parole de la Loi : *ce que j'ai pris de la main des Amorrhéens avec mon arc et mon javelot*[1] : des chevaux, beaucoup d'animaux, des taureaux, des brebis, proie (qu'il conquit) avec son arc et son javelot. Notre Seigneur a pris les nations de la rébellion et les premiers

[9] *Gn* 48, *19*. [10] *He* 9, *13-14*.

**29** [1] *Gn* 48, *15*. [2] *Gn* 48, *15*. [3] *Gn* 48, *16*. [4] *Gn* 48, *16*.

**30** [1] *Gn* 48, *21*. [2] *Gn* 48, *21*. [3] *Mt* 28, *20*. [4] *Gn* 48, *21*.

**31** [1] *Gn* 48, *22*. [2] *Gn* 48, *22*.

**32** [1] *Gn* 48, *22*.

pères du Shéol avec son arc, c'est-à-dire sa Croix, et avec son javelot, c'est-à-dire le coup de lance de son côté[2].

**33** Parole de la Loi : *Jacob dit à ses fils : rassemblez-vous et je vous annoncerai ce qui vous arrivera à la fin des temps*[1]. Les fils de Jacob se rassemblèrent et il leur dit : *écoutez votre père, écoutez-le*[2]. Interprétation, il ne dit pas : je vous dirai ce qui est passé et les jours qui nous adviendront, mais il dit : ce qui sera à la fin. Les derniers jours sont la venue du Fils, comme disent les Apôtres dans leur Sinodos : *toi qui dans les derniers temps nous as envoyé ton Fils, (notre) Sauveur et Rédempteur*[3].

**34** Parole de la Loi : *Ruben mon fils est puissant et autrefois mon premier-né est devenu mauvais et il endurcit son cou*[1]. Interprétation : Ruben mon premier-né est semblable aux Juifs, le premier peuple. L'endurcissement de son cou est leur orgueil, et la dureté qui rend froid comme l'eau est leur malédiction à l'égard du Créateur. Sa montée sur le lit de son père[2] est semblable au fait qu'ils jugèrent le corps du Seigneur[3]. *Tu as souillé ce lit sur lequel tu es monté*[4]. Cela signifie : en vérité les Juifs ont considéré Notre Seigneur comme impur et l'ont compté avec les pécheurs, afin qu'arrive la parole de David qui dit : *ils ont jeté leur frère comme un cadavre impur*[5]. L'Évangile dit : *quand Judas vit qu'ils avaient condamné celui qu'il avait livré et comment avait été condamné Notre Seigneur Jésus*[6].

**35** Parole de la Loi : *les frères Siméon et Lévi ont accompli l'iniquité par leur jalousie et leur javelot*[1]. Interprétation : car Siméon et Lévi qui tuèrent par le javelot les hommes de Sichem, (ce) ne fut pas pour eux faire œuvre d'iniquité, mais cela leur fut compté comme justice, ainsi qu'il est écrit dans les Jubilés[2]. Ceci est au sujet des Juifs, car de la maison de Siméon sortirent les scribes et les pharisiens et de la maison de Lévi sortirent Anne, Caïphe et tous les lévites[3]. *Que mon âme ne les rencontre pas et que je ne descende pas dans leur*

[2] Cf *Jn* 19, *34*.

**33** [1] *Gn* 49, *1*. [2] *Gn* 49, *2*. [3] Cf HORNER, *Statutes*, p. 11, 19-21 (texte).

**34** [1] *Gn* 49, *3*. [2] *Gn* 49, *4*. [3] Cf HIPPOLYTE, *Bénédictions*, ch. 13, p. 58, *6-12*, p. 60, 1-3; BONWETSCH, *Hippolytus*, p. 55 s.; CYRILLE JER, *Catechesis* (c. 696, *5-9*); AMBROISE, *De patriarchis*, p. 128, *13* et p. 129, *1-3*; CYRILLE ALEX, *Glaphyra* (c. 336, 337, 340, 341); PROCOPE, *In Octateuchum* (c. 490). [4] *Gn* 49, *4*. [5] Non identifié. [6] *Mt* 27, *3*.

**35** [1] *Gn* 49, *5*. [2] *Jub* 30, *17-18*. Interprétation de ce massacre comme une œuvre juste aussi dans HIPPOLYTE, *Bénédictions*, ch. 14, p. 62, *9-12* et p. 64, *1-2*. [3] Cf HIPPOLYTE, *Bénédictions*, ch. 14, p. 64, *6-7*; BONWETSCH, *Hippolytus*, fgm. IX, p. 56; GRÉGOIRE ELV, *Tractatus* VI.

*agitation*[4]. Cela signifie : le prophète souhaite dans sa prière ne pas être associé à leur méchanceté. *Car, dans leur colère, ils ont tué des hommes*[5]. Il dit cela parce qu'ils ont crucifié le Christ. *Dans leur désir, ils ont retranché les troupes des villes*[6]. Il dit cela parce que, quand ils désirèrent le péché, le sacerdoce, la royauté et la prophétie furent retranchés de la synagogue. C'est pourquoi il les a maudits. *Car ils n'ont pas craint dans leur colère que je les répartisse en Jacob et que je les disperse dans l'héritage d'Israël*[7]. Il dit cela et ces paroles au sujet de la dispersion du peuple juif parmi tous les peuples de la terre[8].

**36** Parole de la Loi[1] : *Juda, tes frères t'ont glorifié, tes mains sur le dos de tes ennemis. Les fils de ton père se prosterneront devant toi*[2]. Interprétation : Juda est interprété par Notre Seigneur, comme il est écrit dans les livres, en beaucoup de figures, que le Christ viendra de la maison de Juda[3]. Dans l'Évangile il dit : *car le salut vient de Juda*[4]. *Tes mains sur le dos de tes ennemis*[5] : ses ennemis sont l'ange de la mort et Satan[6]. En effet, pour le fils de la veuve, quand il prit son cercueil dans ses mains, il vainquit la mort[7]. Au sujet de Satan, il dit : *si moi, c'est par le doigt de Dieu que j'expulse les démons*[8]. *Tes frères t'ont glorifié, les fils de ton père se prosterneront devant toi*[9]. Cela signifie : les Apôtres et les fidèles[10].

**37** Parole de la Loi : *Juda, petit de lion, monte de ta tanière*[1]. Interprétation : quand il dit *Juda, petit de lion*, [c'est] au sujet du Christ, le fils de Dieu. Sa tanière est Marie et il parle de sa naissance de celle-ci.

**38** Parole de la Loi : *mon fils, tu t'es couché et endormi comme un lion et comme un petit de lion. Il n'est personne qui t'éveille*[1]. Interprétation : ton être comme Dieu, Fils de Dieu. Quand il dit : *il n'est personne qui t'éveille*[2]. (Cela signifie :) il n'y a personne qui t'effraye, te

[4] *Gn* 49, *6*. [5] *Gn* 49, *6*. [6] *Gn* 49, *6*. [7] *Gn* 49, *7*. [8] Cf HIPPOLYTE, *Bénédictions*, ch. 14, p. 66, *13* et 68, *1-2*.

**36** [1] Seule figure la première lettre du mot ኦሪት sur le manuscrit. [2] *Gn* 49, *8*. [3] Cfr *He* 7, 14; *Ap* 5, *5*. Aux références données par SIMONETTI, *Notae*, p. 7 n. 25, à propos de l'interprétation messianique de la bénédiction de Juda en milieu juif, ajouter le témoignage du Targum (*Targum Onk*, p. 221 ; *Targum Pal*, p. 487 s. [4] *Jn*, 4, *22*. [5] *Gn* 49, *8*. [6] Cf ORIGÈNE, *In Jeremiam* (c. 349, *39°*); EUSÈBE, *Démonstration*, VIII, 1 (c. 589, *25 ss*). [7] *Lc* 7, *12-15*. [8] *Lc* 11, *20*. [9] *Gn* 49, *8*. [10] Cf HIPPOLYTE, *Bénédictions*, ch. 16, p. 76, *2-4*; EUSÈBE, *Démonstration*, VIII, 1 (c. 589, 592); RUFIN, *Bénédictions*, I, 5, p. 42.

**37** [1] *Gn* 49, *9*.

**38** [1] *Gn* 49, *9*. [2] *Gn* 49, *9*.

bouleverse et fasse battre ton cœur de peur[3]. Seconde interprétation : *tu t'es couché et endormi*[4], cela signifie : tu as souffert et tu es mort comme Adam et comme les fils d'Adam[5]. Il n'est personne qui te fasse lever comme ceux que firent lever Élie et Élisée[6]. Mais tu es ressuscité par ta propre volonté, comme tu dis dans l'Évangile : *je la remets moi-même, de ma propre volonté, et moi-même je la reprends*[7].

**39** Parole de la Loi : *que la dignité de chef ne soit pas abolie de Juda ni la royauté de sa chair, jusqu'au moment où il trouvera ce qui l'attend, et celui-ci est l'espoir des nations*[1]. Interprétation : que cela ne te semble pas se rapporter à la royauté terrestre. Car, depuis que Sédécias, fils de Josias, fut fait captif[2] jusqu'à la venue du Christ, nous n'avons pas entendu dire que quelqu'un eût régné de la maison de Juda[3]. Hérode est issu des nations, comme dit Jacques de Nisibe dans son homélie[4]. Pilate était Romain, comme dit la Didascalie[5]. Mais au contraire (c'est) au sujet du Christ, et sa chair ce sont les fidèles. Comme dit Paul : *vous êtes le corps du Christ et sa chair*[6]. Il dit encore : *car nous sommes les membres de son corps*[7]. Il répète : *quand vous avez reçu le corps du Christ, est-ce que j'en ferai un membre de prostituée, loin de là*[8]. La royauté ne sera pas abolie, je le dis au sujet des chefs qui ne seront pas abolis de l'Église jusqu'à ce qu'elle trouve ce qui l'attend. Cet espoir des nations est sa seconde venue,

[3] Litt. *et éveille ton cœur par la peur.* [4] *Gn* 49, *2.* 5 Cf Hippolyte, *Bénédictions*, ch. 16, p. 78, § 2. En comparant les textes, on voit qu'Hippolyte ne cite pas comme ici un peu plus bas *Jn* 10, *18*, ni *Jn* 2, *19*; d'autre part, il affirme que le Christ a été ressuscité par le Père. [6] Cf *3R* 17, *1-24* et *4R* 4, *29-37.* [7] *Jn* 10, *17-18.* Les dictionnaires ne donnent pas le sens de «reprendre» pour ኣንሥኣ, mais cette forme verbale est employée dans la version éthiopienne de *Jn* 10, *18*; ce verset est cité à propos du même passage de *Gn* par Cyrille Alex, *Glaphyra*, VII (c. 353 s.), par Théodoret, *Quaestiones*, 110 (c. 217, *17* ss), par Augustin, *Cité*, XVI, 41 (c. 520), par Procope, In *Octateuchum* (c. 490).

**39** [1] *Gn* 49, *10.* [2] Cf *4R* 25, *1-7* des LXX. [3] Les commentateurs grecs et latins, depuis Justin sont unanimes à soutenir, au contraire, qu'il n'a jamais manqué chez les Juifs de prophète ou de chef pour être «Seigneur» ou «Prince», car c'était le même Esprit qui inspirait les Prophètes et oignait ou établissait les rois, cf Justin, *Dialogue*, 52, 3, p. 232 et 234. Le même raisonnement est repris par les auteurs postérieurs sous des formes diverses. C'est avec l'avènement d'Hérode que les Juifs ont été privés d'un roi issu des leurs, car alors est venu le Christ, espoir des nations. [4] Le contenu de la citation ne permet pas de savoir quel auteur est désigné sous le nom de Jacques de Nisibe. Il ne peut s'agir de l'évêque de Nisibe. Sous ce nom sont transmises dans la version arménienne (éd. Antonelli, Rome, 1756) les homélies («Démonstrations») d'Aphraate, mais on n'y trouve pas cette formule. Peut être est-ce Jacques de Saroug, toutefois il n'est jamais appelé Jacques de Nisibe (renseignements communiqués par M. A. Guillaumont). [5] Harden, *Didascalia*, ch. 29, p. 125. [6] *1Co* 12, *27.* [7] *Eph* 5, *30.* [8] *1Co* 6, *15.*

comme dit Paul : *car l'espoir du monde, la venue du Fils de Dieu, (l')attend*[9].

**40** Parole de la Loi : *il attachera son ânon dans la vigne et son âne à l'olivier*[1]. Interprétation : comme dit l'Évangile, quand approche le jour des rameaux, *vous trouverez une ânesse attachée et son ânon avec elle, détachez-le et amenez-le*[2] *moi*[3]. Certains disent : c'est au sujet de l'humanité et de la crucifixion du corps de Notre Seigneur.

**41** Parole de la Loi : *il lave ses vêtements dans le vin, et dans le sang des raisins son vêtement de lin*[1]. Interprétation : ses vêtements et son vêtement de lin qui sont lavés dans le sang des raisins sont les fidèles[2]. Comme dit l'Apocalypse : *c'est lui qui vous a aimés et lavés de vos péchés par son sang*[3]. Au sujet des martyrs il dit : *ce sont ceux qui viennent de la grande persécution. Ils ont lavé leurs vêtements et* (*les*) *ont purifiés dans le sang de la Loi*[4].

**42** Parole de la Loi, accompagnée d'une interprétation : *ses yeux sont gais à cause du vin*[1]. Cela signifie : les Apôtres[2]. Comme dit Ézéchiel : *fils d'homme, j'ai fait de toi un guetteur*[3]. Salomon dit : *tu as des yeux de colombe*[4]. La colombe est l'Esprit Saint. Ses yeux sont les Apôtres qui (sont) de l'Esprit Saint. *Ses dents sont blanches comme le lait*[5]. Le lait est l'enseignement de l'Évangile[6] et ses dents sont les fils du baptême. Comme dit Salomon : *tes dents sont comme des troupeaux de bêtes tondues*[7]. Les dents signifient la querelle. La querelle signifie par les Hébreux l'Église, et l'Église signifie les âmes des Chrétiens[8].

**43** Parole de la Loi : *Zabulon, chaussé, demeure comme le port des vaisseaux et s'étend jusqu'à Sidon*[1]. Interprétation : Zabulon est interprété par le Fils et ses chaussures sont l'enseignement de l'Évangile. Les vaisseaux sont la sainte Église et le port est la foi, comme disent les Apôtres dans leur Sinodos : *pour gouverner la sainte Église vers*

[9] Cf *Ro* 15, *12*.

**40** [1] *Gn* 49, *11*. [2] Le texte porte le pronom du singulier. [3] *Mt* 21, *2*.

**41** [1] *Gn* 49, *11*. [2] Cf JUSTIN, *Apologie*, I, 32, p. 64 n° 8, et *Dialogue*, 54, p. 240; IRÉNÉE, *Démonstration*, p. 120 s.; EUSÈBE, *Démonstration*, VIII, 1 (PG 22, c. 593); GRÉGOIRE ELV, *Tractatus*, VI, 52 s, p. 53 s. L'interprétation de S. Ambroise est semblable à celle d'Hippolyte (cf AMBROISE, *De patriarchis*, p. 137, 138) v. aussi AUGUSTIN, *Cité*, XVI, 41 (c. 520), PROCOPE, *In Octateuchum* (c. 501 s.). [3] *Ap* 1, *5*. [4] *Ap* 7, *14* modifié in fine.

**42** [1] *Gn* 49, *12*. [2] Cf HIPPOLYTE, *Bénédictions*, ch. 19, p. 82, *1-2* et p. 84. [3] *Ez* 2, *3*. [4] *Cant* 1, *15*. [5] *Gn* 49, *12*. [6] *1Co* 3, *2*; *1P* 2, *2*. [7] *Cant* 4, *2*. [8] Litt. « l'âme du Chrétien ».

**43** [1] *Gn* 49, *13*.

*le calme du port*[2]. Son extension jusqu'à Sidon (signifie qu'elle est) celle qui a étendu l'enseignement de l'Évangile à toutes les nations[3], comme il dit dans l'Évangile : *et Sidon des nations*[4].

**44** Parole de la Loi : *Issachar désire le bien et repose parmi les héritiers*[1]. Interprétation : Issachar est semblable au Fils et le bien est la nouvelle Loi. Comme dit Paul : *la Loi est l'ombre du bien à venir*[2]. Le Siracide dit : *le bien a été créé pour les bons dès le commencement*[3]. Son repos parmi les héritiers est sa situation parmi les Apôtres.

**45** Parole de la Loi : *alors il vit que le repos était bon et il courba les épaules pour travailler la terre. Il œuvra et fut laboureur*[1]. Interprétation : quand Notre Seigneur vit qu'ils avaient la foi orthodoxe, repos des nations, il descendit humblement dans le monde. *Pour travailler la terre*, cela signifie : pour revêtir une chair terrestre, comme il est écrit dans le Testament qui dit : *qui est celui-ci qui a revêtu la terre*[2]? *Il œuvra et fut laboureur*[3], cela signifie : en vérité, il a eu faim, s'est fatigué, et il a eu chaud en enseignant l'Évangile. Il fut laboureur et semeur de l'enseignement de l'Évangile[4]. Comme il est écrit dans l'Évangile : celui qui sème est le fils de l'homme[5].

**46** Parole de la Loi : *sois pour Dan un serpent qui (l')attend sur (son) chemin*[1]. Interprétation : Dan est semblable au Fils et le serpent est Satan[2]. Le chemin est le monde, et dans le monde Satan attendait Notre Seigneur. Le cheval ce sont les scribes et les pharisiens, et tous ceux qui enseignent les commandements de la Loi. Celui qui est monté sur eux est Notre Seigneur. Comme dit Paul : *pour eux, le Christ a été enfanté dans un corps d'homme*[3]. Notre Seigneur dit : *tout ce que vous disent les scribes et les pharisiens, faites-le*[4]. *Celui qui mord le paturon du Cheval*[5], cela signifie : quand Satan a séduit les pharisiens et qu'il a fait marcher leurs talons dans l'erreur. *Il tombe en arrière celui qui est monté sur lui*[6]. Cela signifie qu'il dit cela au sujet de la mort et de la crucifixion du Seigneur. *Il tombe en arrière, celui qui est monté sur lui*[7], cela signifie que dans le cas de tout homme qui est mort, on ne le jette pas dans la tombe sur le visage, mais

[2] Cf HORNER, *Statutes*, p. 80, § 2, *3-6*, *11 s.* [3] Cf HIPPOLYTE, *Bénédictions*, p. 175-176; CYRILLE ALEX, *Glaphyra*, VII (c. 360, *6-12*), PROCOPE, *In Octateuchum* (c. 501-504). [4] Cf *Mc* 3, *8*.

**44** [1] *Gn* 49, *14*. [2] *He* 10, *1*. [3] *Sir* 39, *25*.

**45** [1] *Gn* 49, *15*. [2] TD (cf *supra*). [3] *Gn* 49, *15*. [4] Cf HIPPOLYTE, *Bénédictions*, 21, p. 88 § 3, p. 90. [5] *Mt* 13, *37*.

**46** [1] *Gn* 49, *17*. [2] Voir plus loin. [3] Non identifié. [4] *Mt* 23, *3*. [5] *Gn* 49, *17*. [6] *Gn* 49, *17*. [7] *Gn* 49, *17*.

au contraire en arrière, sur le dos[8]. Et de même Notre Seigneur, on le jeta dans la tombe en arrière, sur le dos. *Dieu l'attend pour le sauver*[9], cela signifie : en vérité Notre Seigneur a attendu le troisième jour jusqu'à ce que son Père le relevât.

**47** Parole de la Loi : *Gad, des voleurs l'ont volé et celui-ci les a volés en suivant leurs traces*[1]. Interprétation : Gad est interprété par Notre Seigneur[2] et les voleurs sont Judas qui l'a livré, ainsi que l'ange de la mort, Satan et la communauté des Juifs qui l'ont crucifié. Celui-ci les a volés et trompés, comme il est écrit dans le Testament : *quand l'ange de la mort le vit, il se trompa et le crut semblable*[3] ... *En suivant leurs traces*[4], cela signifie : lui qui est descendu dans le Shéol, leur pays, là il les a liés et détruits.

**48** Parole de la Loi : *Aser, rassasié de nourriture, celui-ci donne de la nourriture aux princes*[1]. Interprétation : Aser est interprété par le Fils. *Rassasié de nourriture*[2], cela signifie : en vérité, il est rassasié de la nourriture de l'esprit, de la prière, de la glorification et du sacrifice. Comme dit Isaïe : *je suis rassasié du sacrifice des béliers*[3]. *Celui-ci donne la nourriture aux princes*[4], cela signifie : il a donné un enseignement nouveau et ancien aux Apôtres. C'est-à-dire la nourriture de l'Esprit. Comme dit Paul : *tandis que tu les nourris de la parole de la foi*[5].

**49** Parole de la Loi : *Nephtali (est) un palmier*[1], *un repos qui est beau (et) produit de la nourriture*[2]. Interprétation : Nephtali est interprété par Notre Seigneur et le palmier, le repos, est la Croix sur laquelle il a dormi, le beau sacrifice (*que*) produisirent le corps et le sang du Christ. Comme dit Paul : *maintenant, il a obtenu un sacrifice meilleur*[3]. *Les fils qu'il élève*[4], cela signifie qu'il parle de l'élévation de Notre Seigneur au-dessus de toute créature créée.

**50** Parole de la Loi : *Joseph, mon fils, qui est grand. Il est jaloux de moi, mon fils jeune homme qui reviendra auprès de ceux qui l'ont insulté*[1]. Interprétation : Joseph est le fils jaloux de son père, comme dit Isaïe : *la jalousie de Dieu Sabaoth fait cela*[2]. Joël dit : *Dieu est*

[8] Cf THÉODORET, *Quaestiones* (PG 80, c. 224, *9-12*). [9] *Gn* 49, *18*.

**47** [1] *Gn* 49, *19*. [2] Cf HIPPOLYTE, *Bénédictions*, ch. 23, p. 92, 94. [3] TD (cf *supra*); LIFCHITZ, *Textes*, ch. 4, p. 48, § 23; HAMMERSCHMIDT, *Bodleian Texts*, p. 62. [4] *Gn* 49, *19*.

**48** [1] *Gn* 49, *20*. [2] *Gn* 49, *20*. [3] *Is* 1, *11*. [4] *Gn* 49, *20*. [5] Cf *1Tm* 4, *6*.

**49** [1] Texte በቀት, DILLMANN, c. 512, donne ce mot sous la forme በቀልት comme plus bas. [2] *Gn* 49, *21*. [3] *He* 8, *6*. [4] *Gn* 49, *22*.

**50** [1] *Gn* 49, *23*. [2] *Is* 9, *7*.

*jaloux de sa terre*[3]. Tandis que le jeune homme est le Fils de 33 ans, il est revenu vers eux, la communauté des Juifs qui s'étaient montrés orgueilleux envers lui. Il les a brisés et il a fatigué les bras de leurs mains par la force[4].

**51** Parole de la Loi : *Ici il a donné force à Israël auprès de son Dieu, ton Père*[1]. Interprétation : Israël ce sont les fidèles. Comme dit Paul : *quant à Israël, nous qui avons cru, par son secours il nous a fait approcher de son Père*[2].

**52** Parole de la Loi : *mon Dieu t'a aidé*[1]. Interprétation : comme dit le Père par la bouche de David, *celui-ci me dit : tu es mon père, toi, mon Dieu, mon aide et mon Sauveur*[2]. Notre Seigneur dit dans l'Évangile : *je monte auprès de mon Père et de votre Père, mon Dieu et votre Dieu*[3]. Qu'il ne te semble pas que le Fils est inférieur à son Père, mais Il lui est égal. Paul dit, en empruntant à la Parole de David, *au sujet de son Fils, il dit : ton trône, Seigneur, (est) pour les siècles des siècles*[4]. Vois donc que le Père dit à son Fils, Seigneur, et par cela connais leur égalité.

**53** Parole de la Loi : *Il t'a béni de la bénédiction du ciel d'en-haut, sa divinité qui est descendue d'en-haut, et de la bénédiction de la terre*[1], par laquelle est toute cette nature humaine qu'il a prise d'une Vierge terrestre[2] et encore la sainte Église. Par ceci il a béni et affermi les fidèles, *par la bénédiction des mamelles*[3], c'est-à-dire le Nouveau et l'Ancien (Testaments)[4], *par la bénédiction du sein*[5], le ventre du baptême. *Par la bénédiction de ton Père*[6] signifie Dieu, *et de ta mère*[7], l'Église[8]. *Qui est forte par la bénédiction des montagnes qui sont stables dans la bénédiction des anges de Dieu*[9]. Cela signifie : qui vaut mieux que la circoncision et le sacrifice des premiers pères Abraham, Isaac, Jacob et Moïse qui furent stables et obéissants à la parole de l'ange[10] de Dieu.

**54** Parole de la Loi : *qu'elle soit sur la tête de Joseph et sur la tête de ceux qui sont ses frères*[1]. Interprétation : Joseph est le Fils et

[3] *Jo* 2, *18*. [4] Cf *Ps* 9, *15*; 36, *17*.

**51** [1] *Gn* 49, *24*. [2] Cf *Eph* 2, *18*?

**52** [1] *Gn* 49, *25*. [2] *Ps* 26, *9*. [3] *Jn* 20, *17*. [4] *He* 1, *8*.

**53** [1] *Gn* 49, *25*. [2] Cf référence à HIPPOLYTE, *Bénédictions*, citée *supra*, ch. 10 n. 2, à propos de *Dt* 33, *13*. [3] *Gn* 49, *25*. [4] Cf HIPPOLYTE, *Bénédictions*, 26, p. 108, *3-5*; AMBROISE, *De Patriarchis*, p. 152. [5] *Gn* 49, *25*. [6] *Gn* 49, *26*. [7] *Gn* 49, *26*. [8] Cf HIPPOLYTE, *Bénédictions*, 27, p. 108-112. [9] *Gn* 49, *26* en version éthiopienne. [10] Litt. «par la bouche de l'ange»

**54** [1] *Gn* 49, *26*.

ses frères sont les fidèles[2]. Comme il est dit dans Paul et dans la Didascalie : *la tête des fidèles est le Christ et la tête du Christ est Dieu*[3]. Toute bénédiction et glorification qui est envoyée monte vers la Trinité.

**55** Parole de la Loi : *Benjamin, loup ravisseur, mange le matin et à l'approche du soir il donne la nourriture*[1]. Interprétation : Benjamin est interprété par Paul, et le fait qu'il mange le matin parce que, tandis qu'il était petit, il est devenu jeune homme. Il a été comme un loup ravisseur. Il a tué les disciples de Notre Seigneur[2]. *À l'approche du soir il donne la nourriture*[3]. Cela signifie : sur sa fin il a été un prédicateur de l'Évangile aux nations. Il les a nourries de la parole de la foi[4]. Ainsi est la bénédiction de Jacob dont il bénit ses fils, quand il prophétisa au sujet du Christ. Il y a des interprètes qui l'expliquent comme se rapportant aux Apôtres. Ils parlent de la bénédiction de Dan comme se rapportant au faux Messie[5]. Mais si Jacob parle du faux Messie, ce n'est pas une bénédiction mais une malédiction. Comment la loi dit-elle : *il les bénit chacun selon sa bénédiction*[6]? À Dan, il dit : *Dieu attend pour le sauver*[7]. Comment le faux Messie attend-il le salut qui vient de Dieu? Par cela, sachez et comprenez, et paix à vous.

**56** Les femmes des fils de Jacob[1] : la femme de Ruben : 'Adā; ses fils, 'Ēnok, Fālus, 'Ēsrom et Karāmi. Ils étaient 4. La femme de Siméon : 'Ĕdēbā; ses fils, 'Iyāmu'ēl, 'Iyāme, Sāwot, 'Iyākim, Sā'ar, Sāwĕl, et Lĕba Fĕnĕswāt. Ils étaient 7. La femme de Lévi : Mēlka et ses fils Gēdson, Qa'āt, Mirāri. Ils étaient 3. L'épouse de Juda : Tamar et ses fils, Fārēs, Zārā, Salmon, fils de Sēwā. Sa femme était 'Al'ēt. Ils étaient 3. La femme d'Issachar : 'Atiqā et ses fils Tolā, (Fu)'ā, 'Iyāsāb, Sāmrĕm. Ils étaient 4. La femme de Zabulon : Wamĕr et ses fils Nātĕr, 'Ēlon, 'Iyāl'ēl. Ils étaient 3. La femme de Dan : 'Ēwālā et ses fils Kwĕs, Samĕn, Lasad, Rētāsā, Salmon. Ils

[2] Cf HIPPOLYTE, *Bénédictions*, 27, p. 112. [3] *1Co* 11, *3*; PLATT, *Didascalia*, p. 12.

**55** [1] *Gn* 49, *27*. [2] Cf HIPPOLYTE, *Bénédictions*, 28, p. 114; TERTULLIEN, *Scorpiace*, 13, p. 174; ORIGÈNE, *In Ezechielem* IV, 4 (p. 364 s.); AMBROISE, *De patriarchis*, p. 158-160; RUFIN, *Bénédictions*, II, 29, p. 136; CYRILLE ALEX, *Glaphyra*, VII (c. 384); THÉODORET, *Quaestiones*, 110 (c. 225); PROCOPE, *In Octateuchum* (c. 509 s.). [3] *Gn* 49, *27*. [4] Cf HIPPOLYTE, *Bénédictions*, 28, p. 114. [5] Pour l'interprétation de *Dan* par l'Antéchrist, cfr HIPPOLYTE, *Bénédictions*, 22, p. 92, *25*; AMBROISE, *De patriarchis*, p. 145 s.; THÉODORET, *Quaestiones*, 110 (c. 221, 40 ss). [6] *Gn* 49, *28*. [7] *Gn* 49, *18*.

**56** [1] Cf *Jub* 34, *20-21*; 44, *11-34*.

étaient 5. La femme de Nephtali : Rād'a; ses fils, 'Āsē'ul, Gāhāni, Nēsēr, Bālom, Lēwĕ. Ils étaient 5. La femme de Gād : Ma'ak, et ses fils Safyo, Māmto, Suna, 'Asila'ĕ, 'Alĕli, 'Arodi. Ils étaient 6. La femme d''Asēr : 'Iyonā et ses fils 'Ayomnā, Sēryā, Sārē, Yĕtĕko (et) une fille. Ils étaient 4. La femme de Joseph : Asĕnēt, ses fils, Éphraïm et Manassé. Ils étaient 2. La femme de Benjamin : 'Iyāsāko, ses fils : Balĕbākor, Sāb'ēl, Gu'ēyo, Nĕ'Ēmēn, 'Abdā'ēnĕs, Rā'ēl, Sanānim, 'Afum et Mama.

(Confié à) la garde du Père, du Fils et de l'Esprit Saint, à la garde de toutes leurs paroles et à la garde de Notre Dame Marie. Je suis votre serviteur sans affranchissement.

# CITATIONS ET ALLUSIONS SCRIPTURAIRES

(renvois aux numéros du texte)

# NOMS DE PERSONNE ET DE LIEU

(renvois aux pages)